ÉLOGE HISTORIQUE

DE

JEAN HAMEAU

PRONONCÉ

DANS LA SÉANCE PUBLIQUE DE LA SOCIÉTÉ DE MÉDECINE DE BORDEAUX

PAR LE Dr P. DE BIERMONT

Extrait de l'Union médicale de la Gironde

BORDEAUX

IMPRIMERIE GÉNÉRALE D'ÉMILE CRUGY

16, rue et hôtel Saint-Siméon, 16

1867

ÉLOGE HISTORIQUE

DE

JEAN HAMEAU

PRONONCÉ

DANS LA SÉANCE PUBLIQUE DE LA SOCIÉTÉ DE MÉDECINE DE BORDEAUX

PAR LE Dʳ P. DE BIERMONT

Extrait de l'*Union médicale de la Gironde*

BORDEAUX

IMPRIMERIE GÉNÉRALE D'ÉMILE CRUGY

16, rue et hôtel Saint-Siméon, 16

1867

ÉLOGE

DE

JEAN HAMEAU

C'est une pieuse coutume que d'honorer les hommes qui ont rehaussé par leurs mérites la profession médicale ; et c'est en faisant revivre, chaque année, la mémoire des médecins qui, par leurs œuvres fécondes, ont jeté quelque éclat sur notre Compagnie, que celle-ci, à son tour, par une légitime gratitude, signale à l'estime publique ces mêmes hommes dont le nom est digne d'être répété d'âge en âge et de parvenir marqué d'une auréole jusques à de lointaines générations.

Forte de ses traditions et de l'autorité qui lui est acquise, la Société de Médecine peut rétablir ainsi dans un juste équilibre les inégalités de la fortune et les conditions ondoyantes de notre milieu social, en indiquant à la foule indifférente ou distraite ceux de nos ancêtres scientifiques qui ont un droit irrévocable à sa reconnaissance ou à son admiration. Eh ! quel esprit soucieux de la justice et ami de la vérité pourrait vous contester cette haute attribution qui se consacre aujourd'hui pour la troisième fois ?

Or, Messieurs, si quelqu'un parmi nos devanciers mérite un tel honneur, c'est assurément Jean Hameau, le modeste et remarquable praticien qui vous a associés à ses travaux par une correspondance assidue, et qui a soumis pendant un demi-siècle à vos lumières le fruit de ses veilles et de ses méditations.

Notre Compagnie prouve par ce choix qu'elle sait se détacher des jugements du vulgaire, et qu'elle veut aussi mettre au même niveau le praticien comblé de gloire et d'honneurs qui répand les bienfaits de son art au milieu du tumulte de la grande cité, et le médecin de campagne qui féconde obscurément et sans bruit le vaste champ des sciences médicales.

Si votre bienveillance m'a confié la douce mais difficile mission de vous parler de Jean Hameau, mon sentiment ne peut pas s'égarer dans l'octroi de cette insigne faveur. Vous savez, en effet, Messieurs, qu'il m'avait été donné, dans les rapides moments d'une hospitalité toujours aimable, de contempler la figure à la fois austère et sereine de ce vieillard vénéré ; vous connaissiez mon affection pour son fils, digne héritier d'un nom si difficile à porter ; et vous avez pensé, sans doute, que ces sentiments pourraient soutenir mes forces dans l'accomplissement d'une tâche pleine d'honneur et de périls.

Pourquoi faut-il qu'à ma gratitude pour la Société de Médecine se mêle d'avance le profond regret de ne pouvoir, malgré mes efforts et mon courage, élever la mémoire de Jean Hameau à la hauteur que lui réserve, sans nul doute, une postérité plus reculée !

Praticien sagace et dévoué, Jean Hameau a partagé sa vie entre les rudes labeurs de sa profession, les douceurs du foyer domestique, et les profondes méditations du savant. Les travaux de l'esprit ont occupé dans son existence la place la plus large et la plus digne d'intérêt ; c'est sur ce terrain que nous allons surtout le suivre pour nous initier à ses joies, à ses inquiétudes et à ses succès.

Jean Hameau est né à la Teste de Buch, le 5 octobre 1779. Sa famille, originaire du Quercy, était fixée depuis peu d'années dans la Gironde. Issu de parents sans fortune, notre futur docteur reçut les premières leçons à l'école primaire. Malgré ses aptitudes remarquables, il ne put pas facilement satisfaire son goût prononcé pour l'étude. Désireux d'apprendre le latin, il reçut les conseils d'un vénérable curé qui l'aida à surmonter les premières difficultés du rudiment.

Mais sa nature persévérante et réfléchie acheva par ses propres efforts l'étude de cette langue, et il n'eut pas d'autre maître pour le diriger dans l'épineux sentier des études classiques. Il avait acquis ainsi des connaissances assez étendues pour satisfaire aux épreuves du doctorat, et faire trève, plus tard, aux fatigues de sa profession par la lecture, dans leur langue, de Cicéron et de Virgile.

A 15 ans, Jean Hameau se sentit attiré, par ses instincts bienveillants et généreux, vers la profession médicale. Il se rendit à Ichoux, dans les grandes Landes, auprès d'un médecin de bonne renommée dont il suivit la pratique pendant deux ans. Puis, tourmenté du désir d'acquérir des connaissances nouvelles, le

jeune Hameau quitta le médecin dont il avait partagé les travaux.
et se mit en route pour la capitale. Ses ressources étaient fort
exiguës; cependant, malgré sa santé toujours chancelante, il eut
la hardiesse d'entreprendre à pied ce long voyage.

Il fallait l'entendre raconter lui-même les émotions enivrantes
et les péripéties douloureuses du chemin, l'attrait irrésistible des
horizons nouveaux, et la faveur des rouliers qu'il sut capter par
son esprit franc et enjoué, ainsi que par le charme d'une com-
plexion délicate. Assis à côté d'eux sur le lourd véhicule, il leur
faisait de longs récits; et tantôt marchant, et tantôt racontant,
il vit arriver enfin la dernière étape de ce pénible voyage.

C'était en 1798, en plein Directoire. Jean Hameau entrait à
Paris au milieu d'une société bouleversée jusque dans ses fonde-
ments; des savants illustres, et parmi eux l'immortel Lavoisier,
étaient tombés sous le couteau révolutionnaire, au mépris des
services qu'avaient à rendre encore ces intelligences d'élite.
Notre Girondin n'en est que plus ardent à poursuivre le but
si désiré de ses études; il se fait distinguer par son zèle dans les
hôpitaux, et il est attaché bientôt comme élève à l'École pratique.

Cependant la découverte de Jenner faisait son entrée en France.
Jean Hameau est témoin des premières expériences de vaccina-
tion (1801), et, avec cette sagacité qui est le caractère distinctif
de son esprit, il reconnaît l'importance d'une telle conquête, et
se hâte de doter son pays du puissant prophylactique. Revenu
à la Teste, il pratique dans la même année (février 1801) des
vaccinations dans toute la contrée (1). Son exemple ne tarde

(1) *Histoire de l'introduction et des progrès de la vaccine en France,*
par F. Colon. Paris, 1801 (an IX).

pas, d'ailleurs, à trouver des imitateurs parmi ses confrères.

Sa foi dans la découverte de Jenner s'affermit par la pratique, et son zèle grandissant avec le succès, il reçut vers l'année 1813, une médaille d'or du département.

Hameau était un des quatre médecins de la Gironde (1) qui avaient le plus contribué à propager la vaccine (2).

Ses études étaient restées inachevées à son départ de la capitale ; mais son intelligence, ouverte à toutes les ambitions de la pensée, n'était pas encore satisfaite. Jean Hameau, de 1802 à 1804, vient à Bordeaux entendre les leçons du collége de Saint-Côme. Ce collége, qui était tout proche de la Porte-Basse, avait constamment ouvert ses cours, même au plus fort de la tourmente révolutionnaire. Bien des années après, le praticien aimait à contempler ces ruines auxquelles se rattachaient les souvenirs de sa studieuse jeunesse.

Aujourd'hui la dernière pierre de la Porte-Basse tombe sous le marteau indifférent du démolisseur.

Les exigences de la vie moderne sont inexorables, et, malgré le sentiment qu'il attachait à ces vieilles ruines, Jean Hameau avait un instinct trop vif des grandes lois de l'hygiène pour ne pas refouler au fond du cœur un souvenir plein de charme, il est vrai, mais dont il eût fait volontiers le sacrifice, et il se fût associé à la joie publique en voyant ses compatriotes puiser dans des voies nouvelles et largement tracées les éléments de la santé et de la vie.

Jean Hameau soutint des épreuves brillantes pour obtenir le

(1) Monganne à Lesparre, Chabannes à Pauillac, Dutrouilh à Bordeaux, Hameau à la Teste.

(2) Voir le Rapport du Comité central de vaccine. Paris, 1814 ; Husson.

titre d'officier de santé. Ce modeste échelon ne devait pas lui suffire, et il méditait déjà les moyens de revêtir la robe doctorale. Toutefois il avait l'âme trop élevée pour imposer à sa famille de nouveaux sacrifices. Aussi s'achemina-t-il tristement vers une petite localité des bords du bassin d'Arcachon : c'est Arès qu'il choisit pour répandre les bienfaits de son art. Après un séjour de deux années, il a laissé dans ce pays, sur l'efficacité et le bonheur de sa pratique, des souvenirs durables qui se perpétueront même jusqu'au terme de sa carrière. Mais Arès n'était qu'une étape où Hameau s'était arrêté quelque temps afin de ramasser un petit pécule. Ses idées se tournaient toujours vers le doctorat, ce but suprême dont l'avaient jusqu'à ce moment écarté des circonstances difficiles. Il part enfin pour Montpellier, et l'année suivante (1807) il soutient avec honneur sa thèse inaugurale.

Jean Hameau avait alors 27 ans. Il vient s'établir à la Teste. où devaient l'attacher à tout jamais ses affections de famille, les souvenirs de son enfance, et le culte surtout d'une douleur récente.

Autour de cette grosse et coquette bourgade, ancienne résidence des captaux de Buch, se déroulent, d'un côté, les vastes déserts des plaines sablonneuses entrecoupées çà et là de nombreuses oasis de terre végétale ; de l'autre, la forêt semée récemment par Brémontier, et qui étend son verdoyant rideau de l'embouchure de la Garonne jusqu'à celle de l'Adour. Partout la monotone verdure des pins et l'indigente immensité des sables brûlés par le soleil de l'été ou submergés en hiver.

Telle est la contrée que va parcourir le médecin philosophe. plein d'enthousiasme pour son art et impatient d'appliquer les précieuses connaissances qu'il vient d'acquérir dans les deux grandes Écoles de l'Empire.

Nescio quâ natale solum dulcedine cunctos

Ducit, et immemores non sinit esse sui.

OVID., *I, De ponto*, epist. III.

« Un charme inconnu nous rattache au pays natal, et nous interdit l'ingratitude ou l'oubli. »

Ces vers mélancoliques du poète exilé, qui forment l'épigraphe de sa thèse inaugurale, font pressentir le sujet que va traiter Jean Hameau. Son travail porte ce titre : *Essai sur la topographie physico-médicale de la Teste*.

Le mystérieux attachement que tout homme ressent pour la terre qui l'a vu naître semble revêtir un caractère providentiel quand il s'agit d'un pays déshérité. Semblable à la mère qui sent redoubler sa tendresse pour celui de ses enfants qui est disgracié de la nature, l'habitant des landes ne se sépare qu'à regret de ses sables et de ses bruyères, et n'y revient que pour s'y attacher davantage.

Aussi, pendant le demi-siècle qu'il a consacré à la pratique médicale, il n'est pas une question touchant la contrée, fût-elle étrangère à son art, qui n'ait excité l'attention de Jean Hameau ; il n'est pas une calamité publique qui n'ait eu sur ce cœur d'élite un pénible retentissement.

Le laborieux praticien emploie ses premiers loisirs à résumer à grands traits la constitution médicale qu'il observe chaque année dans les communes qui bordent le bassin d'Arcachon. La relation en est faite de 1811 à 1815. Elle contient dans trois mémoires. tous adressés à notre Compagnie, les observations de cas difficiles qui s'étaient offerts à son étude.

Ces intéressants mémoires dont les manuscrits ont échappé à la destruction. grâce à la piété filiale. reflètent. dès ce moment.

l'esprit large et pénétrant qui s'attache de préférence aux grandes vues et aux aperçus nouveaux. On y retrouve une sagacité d'observation que le perfectionnement des méthodes modernes n'a certes point dépassée.

Un point particulier de thérapeutique lui attira des objections au sein même de notre Compagnie, lorsque le premier de ces mémoires fut soumis à la discussion.

Jean Hameau avait avancé dans son travail que le quinquina devait être administré dans les fièvres intermittentes dès le premier accès. Cette loi devenait impérieuse dans celles de ces fièvres qui revêtent un caractère pernicieux. Pour nous, Messieurs, qui considérons comme un axiome le dogme de thérapie mis en lumière par le praticien de la Teste, nous ne saurions apprécier dans une juste mesure l'opposition vive et opiniâtre qu'il rencontra. C'est que, la vérité une fois conquise, tout le monde en recueille les fruits sans se douter des efforts qu'elle a coûtés pour se faire accepter. « Je ne crains pas, » dit-il quelque part dans ce mémoire, « que ceux qui observeront après moi avec un » bon esprit, viennent détruire ce que j'aurai dit être fixe et irré- » vocable, parce que la nature est une et invariable dans l'en- » semble de ses opérations. »

A l'exactitude de l'observation, Jean Hameau savait joindre une indomptable patience ; son esprit sans cesse en éveil soumettait à une épreuve toujours nouvelle les faits qu'il avait acquis dans le cours de son éducation scolastique et ceux même que son esprit investigateur lui avait permis de découvrir ; et s'il a la conscience d'avoir établi par l'observation une loi jusqu'alors indécise ou controversée, ce n'est pas à lui que sa modestie en attribue le mérite, « c'est la nature qui est une et qui doit tou- » jours donner les mêmes résultats. »

Cependant l'observation souvent répétée l'ayant mis en possession d'une vérité définitive, le cri puissant et contenu d'une conscience honnête se fait entendre; et à ceux qui résistent encore aux leçons de l'expérience, il adresse dans son second mémoire cette interpellation : « J'ai la ferme conviction que vous ne » voudrez point, par votre opiniâtreté ou par une intention » encore plus coupable, être cause des accidents qu'entraîne » une trop longue durée de cette fièvre, puisque vous pourrez les » éviter. »

Pendant toute sa carrière, Jean Hameau s'inspire beaucoup de la médecine hippocratique, mais il ne se courbe jamais qu'après examen sous l'autorité du maître. Il sait reconnaître, par exemple, que l'immortel vieillard de Cos a donné un sens trop étendu à cette proposition : la fièvre tierce se juge d'elle-même au septième accès. Sous le climat où il exerce, Hameau n'a jamais été témoin d'un pareil fait.

Indépendance de l'esprit, exactitude et rigueur, respect religieux de la vérité, telles sont les qualités que mettent en lumière les trois relations de constitutions médicales parvenues à notre Compagnie.

En 1811, une épidémie de morve sévissait sur les chevaux dans le pâturage public d'Audenge. Un vétérinaire de l'école d'Alfort, résidant à la Teste, Pierre Daysson, fut chargé par l'autorité préfectorale d'étudier la maladie et d'en circonscrire les ravages. Daysson (1) contracta la morve, et après trois mois d'horribles souffrances il expira (14 février 1812). Aucune obser-

(1) Pierre Daysson, artiste vétérinaire, mort le 14 février 1812, âgé de 35 ans, fils de Jean Daysson et de Marguerite Déjean. (Extrait des registres de l'état civil de la Teste.)

vation n'était connue alors démontrant la transmission de la morve du cheval à l'homme. Publiée à cette date, l'observation de Jean Hameau eût sufli pour répandre son nom dans le monde savant, mais il avait trop peu d'instants à consacrer au soin de sa renommée, et d'ailleurs il pensait avoir rempli son devoir envers l'humanité en portant le fait à la connaissance de la Société de Médecine. Malgré son importance, cette observation n'a laissé aucune trace dans nos archives, mais elle s'est heureusement conservée au milieu de nous par une tradition très-précise, et son auteur l'a reproduite en 1847 (1) dans son mémoire sur les virus.

Les travaux de Jean Hameau avaient attiré sur lui l'attention de notre Compagnie; aussi lui conféra-t-elle le titre de membre correspondant. Elle prédisait en même temps, par l'organe de son rapporteur, un brillant avenir dans la carrière scientifique au nouveau collègue qu'elle venait de s'adjoindre (6 avril 1812).

Depuis lors, l'activité de Jean Hameau pour l'étude ne cesse pas, et la Société reçoit tantôt des observations isolées (2), tantôt des ouvrages plus importants. Son *Traité sur les bains de mer* (1835) lui conquiert parmi ses confrères girondins de nouveaux suffrages ; aussi se trouve-t-il naturellement désigné comme médecin-inspecteur des bains de mer d'Arcachon, lorsque cette fonction est créée par le Gouvernement. Son opuscule sur le choléra (1849) relate l'épidémie qui sévit à la Teste à cette époque; car, à l'aspect du fléau qui va fondre sur son pays, notre collègue,

(1) *Revue médicale* 1847, novembre et décembre : Études sur les virus, par Jean Hameau.

(2) Observation d'une jeune fille piquée par une tarentule.

déjà septuagénaire, puise dans son amour pour ses concitoyens une activité nouvelle. Dès l'année 1843, Jean Hameau avait clairement établi, dans son mémoire sur les virus, la doctrine de la contagion du choléra, et il demanda, au moment où l'on n'acceptait guère ce mode de propagation, que les grandes mesures hygiéniques édictées par les pouvoirs publics fussent inspirées par cette doctrine. C'est à la lueur de son système sur les causes animées, qu'il avait encore une fois devancé son époque en établissant avec une ferme conviction la nature contagieuse du fléau asiatique.

Ce n'est pas seulement par ses écrits que le médecin de la Teste vient en aide à une population ravagée par la cruelle épidémie. Avec ses confrères de la contrée, il déploie ce zèle intelligent et soutenu qui fait renaître l'espérance et relève les courages défaillants.

Dans l'hiver de 1836, une tempête éclate sur les côtes inhospitalières du golfe de Gascogne et engloutit soixante-seize barques de pêcheurs. La consternation et le deuil s'appesantissent sur la contrée. La France entière en est émue. Jean Hameau emprunte le langage des muses pour peindre cette immense douleur.

« Poètes, nous le serions tous, s'il ne suffisait pour mériter ce
» nom que d'être remués jusqu'au fond de l'âme par les grands
» ou les touchants spectacles de la nature et de la vie : oui, cette
» émotion profonde qui s'éveille en nous, qui envahit tout notre
» être, qui monte jusqu'à nos lèvres tremblantes et jusqu'à nos
» yeux humides, n'est autre chose que le flot sacré de la poésie
» qui se soulève par intervalles et à divers degrés dans presque
» toute âme humaine (1). »

(1) Prévost-Paradol, discours de réception, Académie française, 1866.

Non plus que l'homme de lettres qui a inspiré cette prose éloquente à un grand écrivain de notre temps. Jean Hameau n'avait pas le souffle inspiré qui fait le vrai poète, et si la cadence et la rime ne laissent rien à reprendre, son amour pour la réalité ne lui permettait guère de s'égarer en s'élevant dans les régions de l'idéal.

La poésie n'était pas la voie qui convenait à un esprit exact et précis tel que celui de Jean Hameau ; ses méditations s'attachaient avec plus de fruit à la métaphysique : Jean Hameau présenta, dans l'année 1840, à l'Académie des Sciences, Belles-Lettres et Arts de Bordeaux, un volumineux mémoire sur les idées innées. Si ce travail ne met pas dans une nouvelle lumière le tour original de cet esprit, il en montre toute la spontanéité et la profondeur. Car, s'initier sans maître et sans autre guide que quelques rares lectures aux difficultés de la métaphysique, en mesurer toutes les cimes et choisir dans les diverses écoles philosophiques une méthode sûre, ce n'est pas assurément le partage d'une intelligence vulgaire.

Dans ce mémoire sur les idées innées, Jean Hameau débute ainsi :

« Pour bien éclairer le sujet, il ne suffirait pas d'être bon logi-
» cien et métaphysicien profond, il faudrait aussi être instruit
» des choses de la nature. »

Quel admirable précepte ! Et comme l'application en a été tardive ! De nos jours, c'est à peine si la métaphysique, celle qui veut enfermer dans des dogmes inflexibles le monde phénoménal, consent à laisser féconder son domaine par la méthode expérimentale ; à peine si cette métaphysique, se détournant quelque peu de la voie périlleuse du rationalisme, accepte les splendeurs de l'observation pour pénétrer dans ses nébuleuses régions.

Dans son mémoire, Hameau, médecin et philosophe, arrive à cette conclusion, que les idées nous viennent des sens, qu'elles sont acquises et ne sont pas innées. Point ne faudrait s'étonner pourtant de trouver dans une pareille œuvre quelques incohérences de doctrines; la faute en est aux idées philosophiques elles-mêmes qui ne présentent, dans aucune école, un système logiquement coordonné et relié dans toutes ses parties.

Toutefois ce n'est pas ce mémoire qui lui ouvrit les portes de l'Académie de Bordeaux. Il avait reçu en 1839 le titre de membre correspondant à la suite d'un rapport favorable sur le mémoire intitulé : *Aperçu historique et topographique de la Teste de Buch et de ses environs*. Après avoir puisé aux sources historiques les plus anciennes, il demande aux entrailles même du sol les secrets d'une civilisation enfouie sous des sables incessamment accumulés par les vents et les flots de l'Océan.

Il démontre que, dès l'époque la plus reculée, existait à la Teste et dans les Landes une forêt qui est devenue souterraine par suite de l'envahissement successif des dunes. Il suit les traces d'une voie romaine qui conduisait de Burdigala à Bayonne. A Biscarrosse, « cette voie, » dit-il, « est encore bien marquée ! » Enfin il réhabilite la mémoire de Louis-Mathieu Desbiey, chanoine au chapitre métropolitain et membre de l'Académie de Bordeaux (1774), qui fut le véritable inventeur de l'ensemencement des dunes. Toutefois il reconnaît que l'idée mise en lumière par le chanoine de Bordeaux a trouvé un propagateur empressé et remarquable dans l'ingénieur Brémontier à qui la postérité a réservé ses couronnes.

Une des œuvres les plus importantes de Jean Hameau, car elle embrasse, sous une forme synthétique et originale, un des problèmes les plus vastes et les plus ardus de la pathologie générale.

c'est son *Étude sur les virus*. Aborder un pareil sujet, c'est déjà donner la mesure d'une conception vigoureuse et hardie.

« Ce qui m'a toujours le plus surpris et le plus occupé, » dit-il, « ce sont ces maladies errantes et cosmopolites qui, sous le nom » de virus, s'introduisent furtivement en nous, s'y comportent » d'une manière qui leur est propre et différente de la façon » d'agir des autres causes morbifiques. »

Par des analogies ingénieuses autant que savantes, il s'est attaché à assimiler le mode d'action des virus à celui des êtres vivants (parasites et insectes). Selon l'éminent pathologiste, trois grands caractères établissent des rapports entre les virus et les êtres animés, savoir : la contagion, l'incubation, et la multiplication. La méthode analytique lui a permis de fouiller à une grande profondeur un des mystères pathologiques qui se dérobent le plus aux recherches du médecin hygiéniste.

Il faut le dire, un examen minutieux, aidé du plus fort grossissement microscopique, n'a pas permis jusqu'à ce moment de pénétrer dans ce monde des infiniment petits ; l'intuition seule en dévoile l'existence. Or, rien n'est fragile et inconstant dans les sciences d'observation comme une doctrine qui n'a pas reçu la sanction des faits. Est-ce à dire qu'il faille couper les ailes du génie et lui interdire des hypothèses qui découvrent à l'art de guérir des horizons nouveaux ?

Mais l'hypothèse est pour l'expérience elle-même un des plus précieux instruments de recherche. La vérité n'est qu'une hypothèse de la veille, qui a subi définitivement la pierre de touche de l'observation.

Ce qui caractérise la trempe vraiment philosophique de l'esprit de Jean Hameau, c'est la sûreté et la justesse de sa méthode, le contrôle multiplié des mêmes faits qu'il demande à une expérience sans cesse en éveil. Dans son *Étude sur les virus* cependant, la nature même du sujet l'oblige d'avoir recours à l'induction. Et, certes, s'il s'était borné aux seules notions que fournissent les sens, il se fût interdit, en cette matière, une théorie féconde qui explique, en les enchaînant, un grand nombre de faits pathologiques. Il pressentait bien qu'il n'avait pas embrassé la vérité tout entière, et il ne considérait point comme immuable la doctrine des virus telle qu'il l'avait établie. Je prends même cet exemple pour mettre dans tout leur jour les tendances sages et progressives de son esprit. Il appelait, en effet, de tous ses vœux les lumières du concours sur une question soumise à tant de controverses, et couverte encore, à notre époque, d'obscurité et de doute.

Le mémoire sur les virus a couru des fortunes diverses. Publié en 1847 dans la *Revue médicale*, il avait été présenté à votre Compagnie en 1836, et en 1843 (25 mars) à l'Académie de Médecine de Paris.

La doctrine physiologique, qui était alors dans tout son éclat, avait entraîné dans son orbite les maladies virulentes qu'elle faisait entrer dans le cadre des phlegmasies. Cela explique comment votre Compagnie, imbue des idées de l'époque, fut peu favorable à ce mémoire jugé digne seulement d'une deuxième mention. Quant à l'Académie de Paris, elle demeura silencieuse pendant sept années. Ch. Londe, le rapporteur de la commission chargée d'examiner le manuscrit, l'avait gardé jusqu'en 1850 soigneusement enfermé. A cette date, Ch. Londe, dans une lettre à Jean Hameau, apprécie son travail en ces termes : « Il (ce mémoire) » m'a paru extrêmement remarquable et d'un intérêt si grand, » que, depuis plus de vingt ans, je n'ai été aussi vivement im-» pressionné par aucun ouvrage de médecine, quoique, depuis

» cette époque, j'aie lu à peu près tout ce qui se publie sur notre » art. » Et le rapporteur distingué ajoute avec modestie : « La » lecture que j'ai faite me laisse une première crainte très-réelle, » c'est que mon rapport ne puisse arriver à la hauteur de votre » travail. » Une autre crainte que manifestait Ch. Londe, et qui allait jusqu'au remords, c'est que l'auteur du mémoire ne fût plus de ce monde.

Parmi les conclusions du rapport présenté à l'Académie de médecine de Paris, l'une d'elles proposait l'adoption du vœu de Jean Hameau, à savoir, que la question des virus fût mise au concours ; la seconde, que le nom de Jean Hameau fût porté en tête de la liste des candidats au titre de membre correspondant.

Cette dernière conclusion fut **votée** par l'Académie, mais le temps a manqué à son exécution.

Des sommets où nous a portés le médecin à la recherche des grandes lois nosologiques, nous allons descendre, pour le suivre, sur le terrain de la pratique.

Les travaux de Jean Hameau sur la pellagre vont nous révéler l'investigateur profond, en même temps que le clinicien patient et sagace.

Il existe dans les Landes de Gascogne une maladie endémique grave qui exerce principalement ses ravages sur la population agricole, et dont les victimes se comptent par milliers.

Ce fléau, appelé depuis *mal de misère*, cherche sa proie dans la population occupée aux travaux des champs, respectant au contraire ceux qui, plus favorisés de la fortune, peuvent s'entourer des conditions de bien-être qu'exige une bonne hygiène.

Ce mal, dont Jean Hameau nous a laissé une description exacte, s'annonce par une rougeur qui se manifeste sur le dos

des mains et reparait chaque année aux approches du printemps ;
un peu plus tard, ce sont les organes digestifs qui sont atteints.
Bientôt après, et pour terminer cette triste scène, des symptômes
nouveaux accusent la lésion des centre nerveux : tantôt la paralysie révèle la souffrance de la moelle épinière, ou bien c'est la
folie qui s'empare de ces êtres physiologiquement dégradés ; ils
ne tardent pas, pour la plupart, à mettre, par le suicide, un
terme à leur pénible existence. Triste et navrant tableau qu'une
palette plus réaliste pourrait assurément assombrir !

C'est dans l'année 1818 que Jean Hameau se rend auprès de
la veuve Dutruch (ce nom est désormais inséparable de l'histoire
de la pellagre), dans la commune du Teich ; et là, par une conception soudaine, il entrevoit les premiers linéaments d'une maladie nouvelle.

Un esprit plus impatient se fût hâté de répandre le fruit de
ses observations dans le monde savant. Jean Hameau se recueille
et médite : ce n'est qu'après dix années de vérifications et de recherches nouvelles, qu'il se décide à communiquer le résultat de
ses investigations.

Le praticien de la Teste fait le voyage de Bordeaux avec quelques sujets atteints de la maladie nouvelle (1829), et vient sou-
mettre à ses collègues le fruit de ses méditations. En même
temps. il lit une simple note dans la séance du 14 mai 1820. Au
mois d'août suivant, il adresse un important mémoire avec ce
titre modeste : *Mémoire sur une maladie de la peau, peu connue, observée dans les environs de la Teste.*

Il trace avec une exactitude et un soin jaloux le tableau des
souffrances et des dégradations physiques qu'engendre ce mal , et.
tout en usant du langage austère de la science. sa sensibilité
mal contenue s'aperçoit en se dérobant. A la sobriété de la

forme, à la simplicité et à la couleur du style, on croirait, en lisant ce mémoire, reconnaitre quelques-unes des pages de l'immortel auteur de l'*Auscultation médiate*.

La description de ce mal faite par Jean Hameau offre avec la nature un tel degré de ressemblance, que, sept ans plus tard, un fragment du mémoire est adressé à tous les praticiens des Landes comme le tableau le plus fidèle d'une maladie qui depuis longtemps existe dans cette contrée et qui n'est pas encore reconnue.

Avant la découverte de Jean Hameau, les symptômes qui constituaient le mal de la Teste frappaient isolément et sans fruit les observateurs landais. Les trois éléments morbides de la pellagre, qui intéressent successivement la peau, le tube digestif et les centres nerveux, étaient dissociés et confondus. Jusques à Jean Hameau, les médecins landais prenaient le change, et faisaient de ces états divers autant de maladies distinctes. C'était pour eux une gastro-entérite ou bien une paralysie, la démence ou enfin la myélite. Le désordre régnait dans ces affections multiples, les médecins les plus exercés considérant ces états comme autant d'unités morbides.

Pour découvrir une vérité nouvelle, l'observateur pénétrant n'a pas besoin de voir se reproduire souvent le même fait. Descartes fait une seule observation de la neige hexagone en l'année 1635, elle lui suffit pour composer son *Traité des météores*. Morgagni, avec une clinique de quelques lits, a laissé un monument impérissable d'anatomie pathologique. Le mémoire de Jean Hameau, présenté à la Société de Médecine, ne renferme que six observations. Ce n'est pas le grand nombre de faits qui indique la voie des vérités nouvelles, c'est le génie de l'observateur qui sait découvrir la parenté mystérieuse qui rattache l'un à l'autre ces mêmes faits, et peut ainsi les féconder par une puissante induction.

Lorsque la note de Jean Hameau sur la maladie peu connue fut communiquée à la Société de Médecine (1829), le mot de *pellagre* fut prononcé, pour la première fois, dans son sein (1). La Société de Médecine fit frapper en l'honneur de Jean Hameau, dans la même année, une médaille d'or pour témoigner de l'importance qu'elle attachait à cette découverte. Toutefois, les médecins n'acceptèrent l'identité entre la maladie décrite par Jean Hameau et la pellagre lombarde qu'après plusieurs années de discussions.

« La pellagre est une maladie dont on ne trouve aucune des» cription ni dans les auteurs de l'antiquité, ni dans ceux du » moyen âge. » Elle avait été observée dans deux provinces du royaume italien : la Lombardie et la Vénétie, ainsi que dans la province des Asturies, en Espagne ; mais son histoire était enfouie dans les livres. Cette maladie serait restée longtemps encore une curiosité bibliographique sans les publications de Jean Hameau, qui révéla en France l'existence d'une maladie entièrement ignorée.

« Il y avait déjà plus d'un an, » dit M. Th. Roussel, « que Jean » Hameau avait jeté le premier cri d'alarme, et c'était avec éton-» nement, je dirais presque avec dédain, que dans nos principaux » centres scientifiques on entendait prononcer le nom de *pel-» lagre.* »

(1) C'est à un des membres que nous avons le bonheur de posséder parmi nous qu'en revient l'honneur, M. Bonnet.

« M. le Dr Bonnet, chargé de l'examen du premier mémoire de M. Hameau, » trouve la plus grande analogie entre l'affection qui y était décrite et la pel-» lagre qui règne dans la Lombardie. » (E. Gintrac, *Journ. de Méd. de Bord* *1836,* p. 321.)

Pendant sept années, un silence à peu près absolu enveloppe sa découverte : la voix du pauvre praticien des Landes restait sans écho. Parmi les médecins de la contrée, les uns, redoutant de se jeter dans quelque trompeuse nouveauté, gardaient une grande réserve ; les autres considéraient comme un roman la description de cette maladie. Jean Hameau, seul contre tous, défendit ses convictions avec la ténacité que donne le sentiment d'une idée juste, et il entraîna rapidement l'esprit sagace du premier magistrat de notre département. Cette conquête fut pour la pellagre une bonne fortune. Bientôt le Conseil général s'associe aux efforts de la science, et imprime un essor salutaire à la découverte de Jean Hameau.

Le Conseil de salubrité, saisi de la question (1837), se hâta d'adresser à tous les praticiens des Landes un extrait du mémoire de Jean Hameau : c'était la description de la maladie nouvelle.

Éblouis enfin par la lumière, ils opposèrent moins de résistance, et finirent par reconnaître cette affection qu'ils avaient eue constamment sous les yeux et que le peuple désignait depuis longtemps sous le nom de *gale de saint Aignan*. Des difficultés réelles, tirées de la nature même du mal, entouraient cette étude : marche lente de la maladie, dissemblance des trois ordres de phénómènes qu'elle parcourt dans son évolution, longue intermittence qui sépare chaque groupe de symptômes.

Aussi bien, puisque la maladie, une fois indiquée, présente d'aussi grandes difficultés à sa vulgarisation, quels impédiments n'a pas eu à surmonter Jean Hameau, si l'on ajoute les obstacles provenant de la longueur des trajets qu'il avait à parcourir, ainsi que de l'amour-propre irréfléchi des malades qui se dérobaient à ses investigations, lui qui n'avait d'autre mobile que « le dévoue- » ment et la charité ! »

Un concours, ayant la pellagre pour objet, fut ouvert par les soins de l'autorité préfectorale, et le Conseil de salubrité fut investi des fonctions de juge du concours. Parmi les nombreux mémoires envoyés par les praticiens des Landes, celui de Jean Hameau fut placé en première ligne : il obtint la première médaille d'or (1840). C'était un bien faible tribut de la reconnaissance publique que recevait Jean Hameau, lui qui venait de signaler un mal sévissant sur le littoral de l'Océan et faisant, en ce moment-là même, cinq mille victimes.

Malgré le mouvement scientifique suscité dans les Landes par les pouvoirs publics, malgré les efforts de propagande que provoqua le Conseil de salubrité pour vaincre l'incrédulité des médecins de la contrée, les **travaux de Jean Hameau** n'avaient guère franchi (1843) les six départements du Sud-Ouest où la pellagre exerce ses ravages.

Jean Hameau ne s'en plaint pas pour lui-même, pas un mot d'amertume ne lui échappe ; l'homme s'efface tout à fait, le savant seul fait remarquer que la sollicitude du Gouvernement ne s'est pas éveillée sur ce sujet. « On n'a pas beaucoup écouté, dit-il, le » pauvre praticien des Landes, quoiqu'il parlât au nom de la » science et de l'humanité. »

Il ajoute dans une lettre au secrétaire perpétuel de l'Académie : « Le verra-t-on longtemps encore, ce fléau destructeur, promener » la mort sur cette terre de désolation, sans que des secours propor- » tionnés au danger soient accordés à ses malheureuses victimes ? » Voilà quinze ans que je l'ai fait connaître, sans que rien d'efficace » ait été entrepris pour le combattre. »

Pour celui qui n'a pas traversé l'époque où Broussais exerçait une sorte de fascination sur les intelligences médicales, il est difficile de s'imaginer à quel point les doctrines de l'école physiologique absorbaient le domaine de la médecine. Jean Hameau se sentait préservé de cet écueil tant par la sagesse que par l'indépendance de son esprit. Aussi le voyons-nous obstinément lutter contre la gastro-entérite et produire une surabondance de preuves dans plusieurs de ses écrits, afin d'éviter la confusion que les médecins seraient portés à établir entre cette phlegmasie et la pellagre.

A partir de 1845, une ère plus heureuse s'ouvre pour la pellagre ; des monographies importantes, des thèses inaugurales la tirent de la pénombre que formaient autour d'elle l'indifférence et l'envie. Enfin, de nouveaux observateurs, venus des points opposés de la France, se rendent dans les contrées où sévit le mal de la Teste, et l'œuvre de Hameau est plus appréciée à mesure qu'elle est mieux connue.

Toutes les fois que la médecine a le bonheur de pénétrer les causes qui provoquent la dégénération de l'homme, sa déchéance physiologique, n'a-t-elle pas une mission sociale à remplir? N'a-t-elle pas le droit d'exciter l'activité individuelle, ou bien, à défaut de cette dernière, de provoquer l'action du pouvoir par de salutaires avis? Assurément le rôle de l'hygiène est bien légitime, surtout si son impatience est modérée par le sentiment des difficultés qui incombent aux pouvoirs publics.

Entraîné par la générosité de ses instincts, Jean Hameau poursuivait, grâces à ses pressantes instances et ses avertissements réitérés, l'accomplissement de son œuvre humanitaire.

Rien aujourd'hui n'est mieux démontré que la cause de la pellagre, et si, du vivant de Jean Hameau, on l'avait entrevue en désignant cette maladie sous le nom de mal de misère, cette étude étiologique a reçu depuis cette époque une solution rigoureuse et précise.

La science a démêlé, de cet ensemble de causes, celle qui avait sur la pellagre une action prédominante : je veux parler de l'insuffisance de l'alimentation. Des exemples nombreux mettent hors de doute ce rapport étiologique ; enfin une observation récente a confirmé des résultats acquis sur une grande échelle.

Il y a six années à peine que des peuples unis par les liens du sang et de la race commencent à s'égorger par delà l'Atlantique dans une guerre dont l'esclavage est l'enjeu. Pour le médecin philosophe, qui consacre à la conservation d'une seule vie humaine les forces de son esprit et les ressources de la science, quel spectacle désespérant et horrible que celui de masses d'hommes qui s'entrechoquent et se déchirent dans une lutte fratricide ! Pendant que des flots de sang se répandent sur les champs de bataille du Nouveau-Monde, ce coin de terre qui nous occupe, les Landes de Gascogne, voyaient surgir au milieu d'elles, grâce à la plus-value des essences résineuses, une prospérité jusqu'alors inconnue. L'abondance pénétrait jusque dans l'humble cabane du résinier et sous le toit plus misérable encore du pasteur. On aurait dit une fée généreuse versant à pleines mains ses bienfaits sur une population favorisée et lui prodiguant une vigueur et une énergie nouvelle. Avec l'aisance qui arrive dans le pays, la pellagre ralentit ses coups et ne fait plus de nouvelles victimes. Biscarrosse, petit village situé dans les Landes, à une faible distance de la mer, n'a pas vu survenir depuis trois ans un seul cas de pellagre commençante (1), et cependant Biscarrosse, visité tour à tour par les célébrités médicales qui se sont occupées du mal de la Teste, est marqué d'un point noir sur la carte géographique de la pellagre landaise. Est-ce à dire que le fléau

____

(1) Communication orale du Dr Gazailhan.

ne visitera plus ces malheureuses contrées? Non ; la guerre d'Amérique est terminée, et la dernière récolte du maïs n'a produit qu'un grain imparfaitement mûri et avarié. De nouveaux cas de pellagre, selon toute vraisemblance, apparaîtront dans les Landes au commencement du printemps !

Dans le cours de sa carrière, Jean Hameau avait, à plusieurs reprises, mais toujours en vain, demandé la fondation d'un hôpital de pellagreux à la Teste. Plusieurs faits ont prouvé, dans notre ville, l'influence heureuse du régime hospitalier, qui, lui seul, a suffi pour la guérison de la pellagre.

Parmi les observateurs qui ont étudié cette affection sur les lieux où elle exerce son action funeste, le regretté Landouzy, professeur de clinique médicale à l'école de Rheims, en sondant les difficultés de ce problème pathologique, avait su apprécier le mérite de Jean Hameau, et voici en quels termes :

« Que les praticiens des grands hôpitaux trouvent des symp-
» tômes nouveaux ou révèlent des maladies inconnues, rien ne
» paraît plus naturel…. Mais qu'un simple praticien de campagne
» ait, tout seul, au milieu des plus grandes difficultés d'observa-
» tion, signalé avec une admirable clarté une affection si com-
» plexe, voilà ce qui me frappe et me confond. »

L'éminent médecin champenois demandait l'érection d'un buste de Jean Hameau à la Teste ou à Bordeaux, et il ouvrait une souscription en offrant d'y participer dans une large mesure. Mais ce chaleureux appel est demeuré sans écho.

Si les œuvres de l'esprit laissent dans la voie qu'a parcourue Jean Hameau une traînée lumineuse, son caractère n'en offre pas moins une élévation de sentiments et une droiture de conduite dignes d'exemple.

A un moment où la grandeur morale est quelque peu voilée

par un réalisme qui s'affirme de toutes parts, alors que le culte de la matière absorbe les enthousiasmes, énerve les généreux instincts en affaiblissant l'idéal, il est salutaire de reposer ses regards sur cette vie modeste et recueillie qui s'écoule dans l'abnégation et le sacrifice.

Hameau n'était pas seulement un savant, c'était encore un sage, non pas, il est vrai, à la manière des stoïciens. Sa sagesse était épurée et adoucie par une morale plus élevée et plus humaine : morale qui s'inspirait autant de l'évolution progressive du christianisme que du perfectionnement des mœurs réalisé par l'action lente du temps. La vie de Jean Hameau a été pieuse sans austérité et exemplaire sans ostentation.

L'égalité de son humeur était inaltérable : l'ingratitude le faisait sourire, et, toujours plein d'indulgence pour les défauts d'autrui, il se montrait parfois sensible à des agressions injustes ou aux traits de l'envie. Il obéissait plutôt, en y répondant, à un mouvement instinctif de défense qu'à un sentiment d'inimitié, et il recouvrait bientôt sa sérénité accoutumée, n'opposant plus désormais qu'une silencieuse compassion à de nouvelles attaques. Jean Hameau mettait en pratique cette exhortation du moraliste et y conformait sa conduite.

« Ne nous emportons point contre les hommes, » a écrit La Bruyère, « en voyant leur dureté, leur ingratitude, leur injus- » tice, leur fierté, l'amour d'eux-mêmes et l'oubli des autres ; » ils sont ainsi faits ; c'est leur nature ; s'en fâcher, c'est ne pou- » voir supporter que la pierre tombe ou que le feu s'élève. »

Son désintéressement était sans bornes, et son dévouement allait souvent au-delà de ses forces. Dans une circonstance importante de sa vie, un procès menaçait d'engloutir une grande partie de son avoir : il déclara qu'il aimait mieux tout perdre que de s'occuper de ses intérêts. Il était même à cet égard d'une indifférence qui eût tourné à son préjudice, sans les tendres soucis d'une digne compagne qui, tout en veillant sur sa santé souvent ébranlée et toujours précaire, lui épargnait le soin des affaires temporelles.

> Nil dulcius est benè quam munita tenere
> Editâ doctrinâ sapientùm templa serena.
>
> Lucrèce.

« Quelle douceur de vivre en sécurité dans le tranquille asile » élevé par les sages! »

Eh ! qui oserait lui faire un reproche de la modération de ses désirs, alors que le bonheur consistait pour lui dans la recherche de quelque vérité consolante ou d'une découverte efficace, travaillant avec opiniâtreté au bonheur de son semblable ? Du reste, pouvait-il désirer pour ses proches d'autres joies que celles qu'il eût recherchées lui-même ?

Aussi bien sa famille a recueilli cet héritage de droiture et d'honneur avec une piété qu'augmente encore le souvenir de sa paternelle tendresse. Les soins attentifs et délicats d'une main filiale ont recueilli les nombreux documents qu'ont accumulés ses travaux ; et si quelques-uns d'entre eux sont restés inédits ou enfouis, dans les archives des sociétés savantes, ce ne sont pas assurément les moins dignes d'intérêt.

Par le caractère méditatif de son esprit, il était porté à interroger la nature, plutôt qu'à puiser de l'érudition dans le commerce des livres. Son foyer domestique se confondait avec le lieu témoin de ses méditations. C'est au milieu même de sa famille qu'il résumait, le soir, en des notes rapides, les impressions produites sur son esprit observateur par les phénomènes de la nature, et, sous son influence, il enfantait des conceptions qu'il reprenait

le lendemain, pour les poursuivre en chevauchant à travers les
vastes solitudes. Il consentait parfois à sortir de ses graves ré-
flexions, tantôt pour satisfaire, par une réponse simple mais toujours sérieuse, la curiosité d'un de ses enfants assis autour de
lui :

> Il composait ces jeunes âmes
>
> Comme une abeille fait son miel.

Victor Hugo.

Parfois aussi, bien rarement il est vrai, le père bienveillant lais-
sait pour un moment les problèmes dont il poursuivait la solution,
pour réprimander. Un jour qu'une épithète malsonnante, appli-
quée à un officier de santé du voisinage, avait frappé son oreille,
il avait gourmandé la malicieuse enfant ; et aujourd'hui devenue
mère de famille, elle se souvient encore du respect qu'il savait
inspirer pour son art, et de l'amour qu'il éprouvait lui-même
pour une profession qui lui avait coûté de nombreux sacrifices.

Aussi, quand il apprit qu'une alliance nouvelle, en lui donnant
un fils d'adoption, faisait entrer un médecin dans sa famille, il en
conçut une grande joie, car il pressentait qu'il allait revivre en lui
ainsi qu'en l'héritier de son nom, et que tous deux ne manque-
raient pas de continuer ses travaux et d'agrandir ses recherches.

Jean Hameau envisageait dans toute sa rigueur l'importance
et l'élévation du but que se propose la médecine ; il avait un double
mobile qui l'a toujours préservé de la moindre défaillance : le
sentiment inné du devoir et les chauds élans d'une belle âme.
Il était accessible à tous les sentiments que peut inspirer l'humanité, et par cela même les souffrances de ses semblables provo-
quaient en lui un douloureux contre-coup.

Ces émotions continuelles qu'éprouve le médecin, porté sans
cesse à partager les tristesses et les vicissitudes dont il est le

témoin, creusent en lui, sans qu'il s'en doute. un abîme à la manière de la goutte d'eau tombant perpétuellement sur la pierre qu'elle ronge. Les épreuves qu'il endure dans sa jeunesse le garantissent longtemps de ces chocs auxquels ne peut résister une simple créature contemplant les maux de l'humanité : ce sont les travaux de l'amphithéâtre qui ont couvert sa poitrine d'un triple airain. Toutefois aussi ceux à qui la force morale est échue en partage résistent davantage à l'invasion de cette sensibilité qui ébranle leur machine et porte sur le cœur ses plus rudes secousses. Eh! quel est le médecin qui, après dix années d'une pratique assidue, courbé sous une émotion profonde et longtemps contenue, ne s'est pas relevé, cherchant à se raidir contre une sensibilité presque ridicule, à l'exemple du guerrier intrépide, bronzé sous le feu de vingt batailles, qui ne peut contenir une émotion première, alors que tonne le canon? C'est ainsi que la nature reprend de temps en temps ses droits et domine parfois la plus énergique volonté. Est-il possible, en effet, de rencontrer un homme qui soit dépourvu de la sympathie que nous inspirent nos semblables? Quel est celui qui ne prendrait aucune part à ces confidences intimes, à ces chagrins ignorés qui consument silencieusement quelques existences?

Homme robuste, vous avez l'amour-propre de votre force, votre visage est impassible en apparence, mais vos paupières agitées dévorent à la dérobée une larme indiscrète! Toutefois, les secousses morales qui pénètrent le médecin jusqu'au plus profond de son être lui donnent en même temps de la fermeté, ainsi que le marteau qui, frappant le fer, lui communique une résistance et une cohésion nouvelles; mais le métal si dur recèle une fêlure et trompe les prévisions de l'ouvrier.

Arrivé à un moment où les déceptions de la vie et les défaillances de l'âge auraient pu l'éloigner des labeurs de sa profession, Jean Hameau, bien que septuagénaire, n'avait jamais possédé les apparences d'une santé plus solide. Un mal sans gravité, qui rendait difficiles les devoirs incessants de sa profession, le détermina à effectuer un voyage à Bordeaux. Une opération légère, qu'il demanda à subir, fut accompagnée des conséquences les plus graves. Ce fut, dans l'année 1851, le terme de sa destinée.

On se fût attendu, en feuilletant les œuvres de Jean Hameau, à surprendre les plaintes de l'inventeur méconnu; que dis-je? on voudrait même recueillir des récriminations de sa bouche. Eh bien! non; avec la candeur de l'homme modeste, avec la satisfaction du devoir accompli, il ne cherche que dans sa conscience le prix et le mobile de ses travaux et de ses bonnes actions.

« Si mes vœux étaient exaucés, » dit-il quelque part, « et si dans
» les travaux entrepris on trouvait que j'ai fait briller quelques
» rayons de lumière pour conduire dans la bonne voie, qu'on la
» suive cette voie sans penser à l'auteur, car alors je serais satis-
» fait et je croirais avoir bien rempli ma carrière. Je la verrais
» finir avec cette quiétude que donne à tout honnête médecin
» l'idée d'avoir fait quelque chose d'honorable et d'avantageux
» pour l'humanité souffrante. »

Ce n'était pas un vulgaire dessein que d'avoir à louer un médecin de campagne qui n'a d'autre grandeur que celle d'une vie simple, d'autre élévation que celle d'un dévouement porté jusqu'au sacrifice, d'autre faste que celui d'un sage plein d'ardeur pour le bien et indifférent aux joies mondaines, d'autre gloire que celle d'un inventeur qui travaille en silence et avec succès à la solution des problèmes qui touchent de plus près à l'existence de ses semblables, et ne retourne point ses regards vers lui-même pour recueillir la récompense de ses patientes études et de ses longues méditations.

La Société de Médecine, qui ne laisse dans l'oubli aucune de ses gloires, a exaucé le vœu de Landouzy et le réalise aujourd'hui avec éclat par l'inauguration du buste de Jean Hameau.

Ce bloc de marbre, habilement fouillé par le ciseau ému d'un artiste (1), un de ses compatriotes qui avait gardé la mémoire de cette douce physionomie, représente avec une grande ressemblance les traits du praticien des Landes; et bien que nous puissions, à l'avenir, les contempler dans le cours de nos séances, votre Compagnie possède cependant au milieu d'elle un souvenir vivant, et par cela même bien plus précieux : c'est celui de son fils, le Dr Gustave Hameau, qui a marqué ses premiers pas dans la carrière par une thèse inaugurale remarquable sur la pellagre, et qui, perpétuant les traditions paternelles, a naguère encore reçu de vos mains de brillantes palmes académiques.

La figure de Jean Hameau, posée là pour réunir tant d'enseignements et tant d'exemples, montrera aux obscurs et vaillants soldats de la science qu'il existe un génie tutélaire qui veille sur leur nom et sur leurs travaux. Elle apprendra en même temps aux populations préservées par le médecin de la Teste de l'endémique fléau, que si les hommes utiles ne trouvent pas de leur vivant l'entière récompense de leurs efforts, la postérité plus équitable se hâte de relever leur mémoire en leur tressant des couronnes.

(1) Eudes.